À mes parents et à leur infinie patience...
À Rachel, qui porte joliment celui qui n'a toujours pas de prénom.
À Bruno, l'éternel complice.
C.A.

Maquette : David Alazraki

300 rue Léon Joulin, 31101 Toulouse cedex 9, France
ISBN : 978-2-7459-5746-7
Dépôt légal : mai 2014
Loi 49-956 du 16 juillet 1949 sur les publications destinées à la jeunesse

Imprimé en Italie

www.bd-kids.com

CHRISTOPHE AMALRIC

BRUNO MADAULE

HELMOUT

Y A PLUS DE SAISONS !

BD KIDS

ÉTÉ

ALLEZ LES GARS ! LAISSEZ-MOI REJOINDRE VOTRE BANDE !
N'INSISTE PAS DIEGO, T'ES UN LOOSER !
OUAIS !
ON N'A PAS BESOIN DE TOI ! TU SERS À RIEN...
OUAIS !
MAIS SI ! MAIS SI ! J'PEUX FAIRE UN TAS DE TRUCS !
JE PEUX VOLER !
JE SUIS UN RIGOLO !
JE MANGE PAS BEAUCOUP !
JE ...
KRABOUM !
BIENVENUE AU CLUB DIEGO !
OUAIS !

POF!
ALORS LÀ, AVEC UN COUP COMME ÇA, VOUS POUVEZ ALLER VOUS RHABILLER!
HÉ! HÉ! HÉ!
MAIS...
MAIS!
HA NON!
T'AS PAS LE DROIT!
BEN QUOI, JE SUIS DERRIÈRE LA LIGNE!

?!
BROM BOLOM PÔF! PÔF! PÔF! PÔF! BOLOM
GNIAP!
!
BROMBOLOMBOL... PÔF PÔF! PÔF!
?! MAIS QU'EST-CE QU'IL LEUR ARRIVE ENCORE À CES DEUX-LÀ?
?! MES PARENTS AUSSI ?
BOUMBOUM-BOUM!
MAIS MAIS MAIS J'AI COMPRIS ! ILS ME FONT UNE SURPRISE POUR MON ANNIVERSAIRE!
LES COQUINS!
OOOOH! IL Y A AUSSI UN FEU D'ARTIFICE!
SNIF!
BOUM!
BOUM!
?
POUM!
HELMOUT! JE T'AI DIT 300 FOIS DE T'ABRITER PENDANT LES ÉRUPTIONS!

TU... TU ES SÛR HELMOUT ? TU VAS T'OCCUPER DE TA PETITE SOEUR TOUTE LA JOURNÉE ?
MAIS OUI MAMAN... JE TE DIS QUE ÇA ME FAIT PLAISIR...
BONJOUR TOI...
¡GNN!
ET OÙ ON VA ZOUER HELMOUT ?
PAR LÀ-BAS YUMI... TU VAS VOIR, IL Y A UN PETIT LAC SYMPA...
BEN ALORS ? VOUS VENEZ PAS VOUS BAIGNER AVEC MOI ?
PAS TOUT DE SUITE, NON...
ON ATTEND D'ABORD QUE TU TE FASSES DÉVORER PAR L'HORRIBLE MONSTRE MARIN QUI VIT ICI...
CE QUI NE DEVRAIT PAS TARDER ...
JE VOUS L'AVAIS DIT LES GARS : RIEN NE RÉSISTE AUX CRIS DE MA SOEUR !
COOL ! MAINTENANT ON EST TRANQUILLE POUR SE BAIGNER !
WÉÉÉ ! LE DERNIER À L'EAU EST UN TRICÉRATOPS À 3 CORNES !
KAI!

ICI ? SUR CE GROS ROCHER ?
OUI ! OUI ! C'EST TRÈS BIEN !
TIP!
TIP!
TIP!
TIP!
TA DAÂÂAN!
HÉ! HÉ! ET LÀ JE M'ENVOLE C'EST ÇA ?!
NON! NON! RESTE JUSTE COMME ÇA!
?!
QUE JE RESTE COMME ÇA ?
MAIS OUI DIEGO! TU AS LA CLASSE! ON DIRAIT UN SUPER-HÉROS!
?
ALORS ÇA Y EST LES GARS ?... MHH ? VOUS AVEZ ENFIN COMPRIS QUE C'EST MOI LE MEILLEUR !
GNIARK! GNIARK!
MAIS BIEN SÛR DIEGO... TU SAIS BIEN QU'ON A TOUJOURS VÉCU DANS TON OMBRE...
Z

J'AIME CES LONGUES SOIRÉES D'ÉTÉ... DOUCES ET CALMES...
BRÂOUF !
CE... C'ÉTAIT QUOI ÇA ?
EN TOUT CAS C'EST PAS MOI...

C'EST LES VACANCES !
OUAiiiiS !
POF !
BROBOLOUM BOUM BOUM
HA ! LES GARS ! LES VACANCES, C'EST LA LIBERTÉ !
ÇA VEUT DIRE QU'ON PEUT DORMIR JUSQU'À MIDI !
Z
...QU'ON VA ALLER À LA PLAGE !
...LES VACANCES C'EST DIRE ADIEU AUX DEVOIRS !
HISTOIRE
BIOLOGIE
MATHS
C'EST SE COUCHER TARD ET EXPLORER LE MONDE AVEC LES COPAINS...
?
LES VACANCES C'EST AUSSI LE MOMENT DE S'OCCUPER DE SA PETITE SOEUR ...
NE BOUZE PAS... ZE VAIS TE MAQUILLER MAINTENANT...
PFFF

ET UN PETIT PONT SUR DIEGO, UN !
G.
HOP LÀ !
Hiii
CROCHET ET ACCÉLÉRATION FACE À JEAN-PIERRE !
ET...
ET...
ET PAM !
BUT DANS LA LUCARNE !
PÔF !
ET RATÉ !
NON ! C'EST DE LA TRICHE ! IL A BOUGÉ ! IL A BOUGÉ ! RAHHH !
HI ! HI !
POF ! POF ! POF !

TOUT VA BIEN... ILS NOUS OBSERVENT ...
HI! HI!
HÉ! HÉ!
?
HÉ, LES GROS NAZES! QU'EST-CE QUE VOUS COMPLOTEZ ENCORE?
C'EST UN VIEUX TRUC POUR LUTTER CONTRE LA SOIF QUE NOUS A EXPLIQUÉ LA PROF...
MMM... C'EST QUOI?
C'EST UNE GRENOUILLE-GOURDE! ELLE S'ENTERRE ET GARDE PLEIN D'EAU DANS SON CORPS ...
HÉ! HÉ! COMMENT ON FAIT?
TRAP!
BIN... TU LA METS SUR LE DOS ET TU APPUIES SUR...
FLOUF!
HEU, MARIO... TU ES COUVERT DE PIPI, LÀ...
RHAAAH... MAIS QU'EST-CE QUE...
BERK!
RHÂÂÂ...
AH ZUT ALORS! J'AI DÛ ME TROMPER... ÇA DOIT ÊTRE UNE GRENOUILLE-VESSIE CELLE-LÀ...
C'EST UN VIEUX TRUC POUR LUTTER CONTRE LES ANDOUILLES...
CRÔAA!

MUSÉE
DE LA
NATUR
JOURNÉE CAVERNE OUVERTE
SALLE
VERT
SENS DE LA VISITE
?
BONZAI
PAPILLONS
JARDIN DES PASSIFLORES
MUSÉE DE LA NATURE
VOUS VOYEZ LES ENFANTS, HEUREUSEMENT QU'IL Y A CE GENRE D'ENDROIT SINON ON NE VERRAIT JAMAIS DE CHOSES AUSSI BELLES !
Z

J'ADORE OBSERVER LES ÉTOILES !
OUI... C'EST BEAU LA VOIE LACTÉE...
CETTE CONSTELLATION C'EST LA GRANDE OURSE !
OUI ! ON LA RECONNAÎT À SES SEPT ÉTOILES LES PLUS BRILLANTES QUI FORMENT UNE "CASSEROLE"...
ET SI TU PROLONGES DE CINQ FOIS L'EXTRÉMITÉ DE LA "CASSEROLE", TU TROUVES L'ÉTOILE POLAIRE !
C'EST L'ÉTOILE QUI INDIQUE LE NORD...
C'EST SUPER UTILE POUR SE REPÉRER LA NUIT !
OUI! AVEC ELLE PAS DE RISQUE DE SE...
BROUF!
?
!
BEÛH?! ON... ON EST TOMBÉ DANS UN TROU NOIR OU QUOI ?!
CELLE-CI ON LA RECONNAÎT BIEN AUSSI : C'EST LA CONSTELLATION DES ANDOUILLES...
AÏEÛ!

AUTOMNE

VOUS, LES AMPELOSAURUS, VOUS AVEZ DE LA CHANCE.
GRÂCE À VOTRE LONG COU VOUS POUVEZ VOIR HYPER LOIN...
MÊME QUAND VOUS ÊTES DANS UNE FORÊT, VOUS POUVEZ REGARDER PAR-DESSUS...
... TANDIS QUE NOUS, ON VOIT QUE DALLE...
PAF!
AÏE!
OH, TU SAIS, ÇA NE MARCHE PAS TOUT LE TEMPS...
IL FAUT CERTAINES CONDITIONS...
COMME NE PAS AVOIR DEVANT SOI DES MEMBRES DE SA PROPRE FAMILLE!
?

DIEGO! TU ES FOU?
QU'EST-CE QUE TU FAIS?
BEN... J'AI FAIM ALORS JE MANGE...
SLURP!
SLUP!
NIGAUD! TU NE TE RENDS PAS COMPTE!
HEY!
PÔP!
LE VER DE TERRE EST UN ANIMAL FOUISSEUR QUI CONTRIBUE AU MÉLANGE DES COUCHES DU SOL!
OUAIS, ET ALORS?
PRRR...
ET ALORS? MAIS SON RÔLE ÉCOLOGIQUE EST ÉNORME!
VA MON PETIT... VA DRAINER ET AÉRER NOS SOLS ...
POC!
BONG!
ET NOUS! ON SERT À RIEN?
PFF!
C'EST NUL!
OUAIS! QU'EST-CE QU'ON VA MANGER MAINTENANT?
PUISQUE C'EST COMME ÇA ON S'EN VA!
CIAO!
OUAIS! JE CONNAIS DES ENDROITS PLUS ACCUEILLANTS!
SUIVEZ-MOI LES GARS
BRAVO HELMOUT ...
GRÂCE À TOI LA MIGRATION EST EN AVANCE DE 3 MOIS CETTE ANNÉE ...
HÉ! HÉ!

MES PARENTS ONT DIT QU'UN MONSTRE HORRIBLE VIVAIT LÀ-DEDANS...
HEIN?
HA! HA! JE PARIE QU'HELMOUT N'EST PAS CAP' D'ALLER VÉRIFIER!
BEUH? POURQUOI MOI? JE SUIS UN T-REX ET JE N'AI RIEN À PROUVER...
HA! HA! DIS PLUTÔT QUE TU AS LA TROUILLE!
HO! ET PUIS ZUT HEIN! T'AS QU'À Y ALLER TOI-MÊME!
HA! HA! J'AIMERAIS BIEN VOIR ÇA, TIENS!
PÔC!
DIS DONC, TOI, LÀ-HAUT... À PART POUR LES COMMENTAIRES, ON TE VOIT PAS BEAUCOUP À L'ŒUVRE!
HEU... JE
GRMF
LE MONSTRE!
MAMAN!
PLANQUEZ-VOUS!
KAÏ!
J'AI VRAIMENT UNE TOUX DE PLUS EN PLUS GRAVE MOI...
THEÛ! THEÛ!

NON?!
J'Y CROIS PAS!
?
QU'EST-CE QUE C'EST QUE ÇA, HELMOUT ?
PFF! M'EN PARLE PAS! C'EST LA GALÈRE!
COUCOU...
MA MÈRE M'A CONFIÉ LA GARDE DE MA PETITE SOEUR YUMI...
Hi! Hi!
ELLE DIT QU'IL EST TEMPS POUR ELLE DE DÉCOUVRIR LE MONDE QUI L'ENTOURE...
Hi Hi Hi! IL EST RIGOLO LUI...
GARGL!...
CRAK!
OUAiiiS! SUPER LE TOBOGGAN!
GNiiii...
DITES... JE VOUS PARLE...
ZOUU!
ÇA BRÛLE!
CHiiiiiiiiiii
HAAA...
Hi! Hi! ENCORE! ENCORE!
BROUF!
NON! ARRÊTE! JE... JE SUIS FRAGILE, JE...
PITIÉ!
BING!
POF!
BEUHH OUiiiiN!
NON! NON! NON! N'INSISTE PAS MAMAN... LA NATURE N'EST PAS ENCORE PRÊTE POUR CE GENRE DE CATACLYSME!

POUH! POUH! POUH!
!
COUCOU DIEGO!
HELMOUT! CE... C'EST TOI ?!
EH OUAIS MON POTE... T'ES PLUS LE SEUL À VOLER...
MAIS MAIS MAIS ? COMMENT TU ...
LA CLASSE MON VIEUX... LA CLASSE ...
HÉ! ATTENDS UN PEU...
TRICHEUR!
HA! HA! HA! T'ES JALOUX!
BOÏNG!
RRRRRRRRR
Z
HELMOUT... TON PÈRE N'EST PAS UN TRAMPOLINE!

BON COURAGE MON PETIT... SNIF!
MAMAN! MAMAN! ZE PEUX PRENDRE SES JOUETS ?...
AH !... VOUS ÊTES LÀ LES GARS...
BEN OUAIS
C'EST DUR !
C'EST LA RENTRÉE DES CLASSES !
OUIN !
BOUH !
SNIF !
ET EN PLUS COMME CHAQUE ANNÉE, Y EN A PLEIN QUI VONT SE MOQUER DE NOUS !
AH OUAIS ...
LA HONTE ...
BON ! ON EST UNE ÉQUIPE, LES COPAINS ! ON VA SE TROUVER UN SUPER NOM POUR LEUR FAIRE PEUR !
HEU... LES CARNIVORS ?
LES PRÉDATORS !
LES RAMORS !
ATTENDEZ ! LES PRÉDATORS ! ÇA C'EST UN BON NOM DE BANDE !
OUAIS ! ÇA VA LES IMPRESSIONNER GRAVE !
AH ! AH ! JE LES ENTENDS DÉJÀ ...
TIENS ?! SALUT LES GROS NAZES !
HÉ ! HÉ !
ÇA VA ÊTRE UNE LOOONGUE ANNÉE LES GARS ...
PFFF HI ! HI !
COLLÈGE

DOUDI DOUDI DOU DAH...
ET ALORS DIEGO ?!
HEIN ? HA ZUT ! J'OUBLIAIS ...
BEN, IL Y A DES NUAGES VRAIMENT PARTOUT !
EN PLUS IL N'Y A PAS DU TOUT DE VENT DONC ÇA VA PAS S'ARRANGER !
MHHH...
GRMBL !
BON ! TANT PIS... TU PEUX REDESCENDRE ...
HEIN ?
NON ! NON ! HEU... JE VAIS RESTER UN PEU ICI POUR HEU... POUR VOIR SI L'ORAGE VA S'ARRÊTER ...
PFF !! IL SE MOUILLE PAS BEAUCOUP CELUI-LÀ !
EH OUI... IL SAIT PASSER ENTRE LES GOUTTES ...
YAOU !

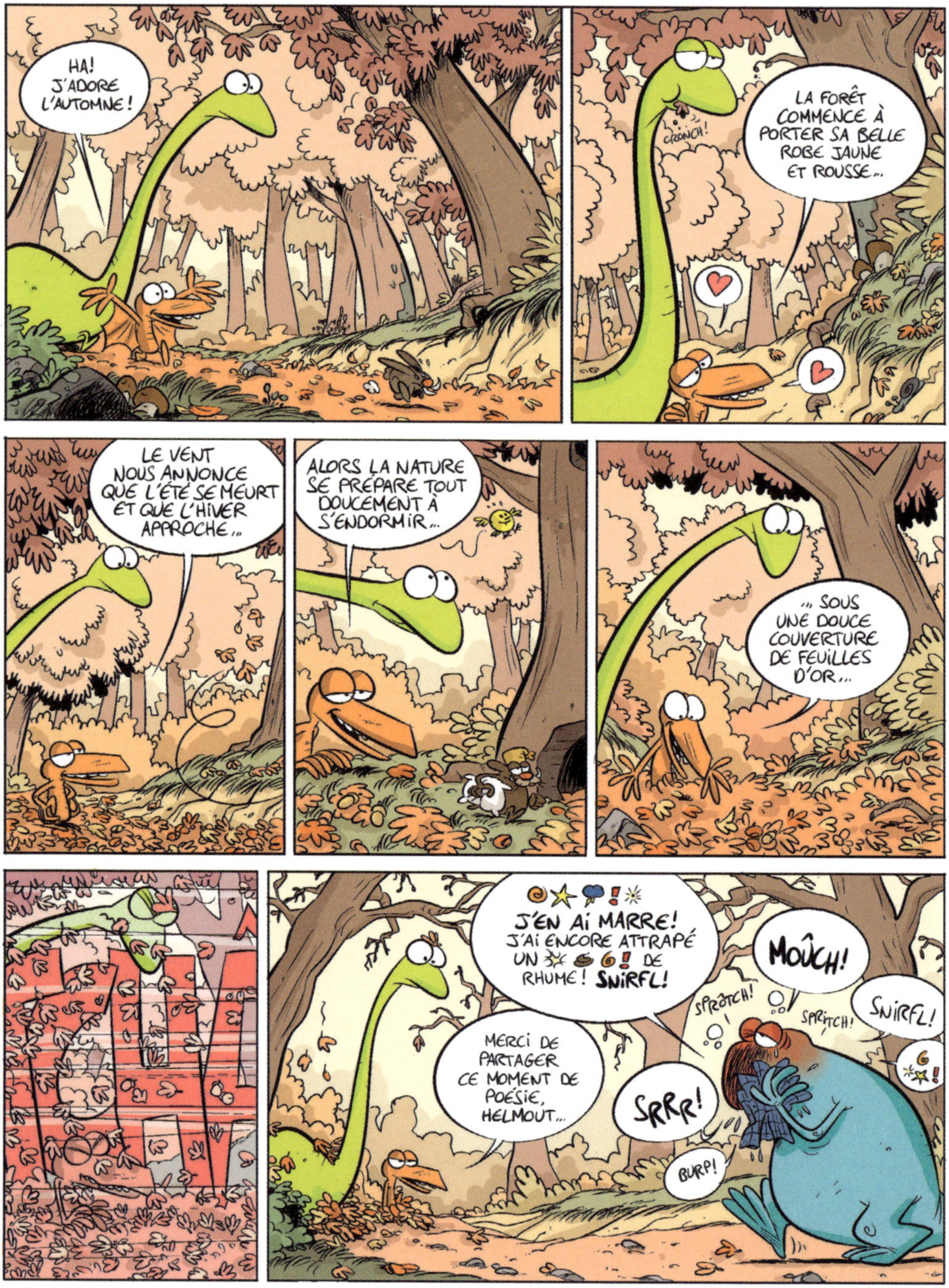
HA! J'ADORE L'AUTOMNE!
CRONCH!
LA FORÊT COMMENCE À PORTER SA BELLE ROBE JAUNE ET ROUSSE...
LE VENT NOUS ANNONCE QUE L'ÉTÉ SE MEURT ET QUE L'HIVER APPROCHE...
ALORS LA NATURE SE PRÉPARE TOUT DOUCEMENT À S'ENDORMIR...
... SOUS UNE DOUCE COUVERTURE DE FEUILLES D'OR...
J'EN AI MARRE! J'AI ENCORE ATTRAPÉ UN DE RHUME! SNIRFL!
MOÛCH!
SPRÖTCH!
SPRITCH!
SNIRFL!
MERCI DE PARTAGER CE MOMENT DE POÉSIE, HELMOUT...
SRRR!
BURP!

12 À 0 ! ALLEZ ! PAS DE PRÉCIPITATION ! TU N'AS PLUS DE BOULE ET JE N'AI QU'UN SEUL POINT À FAIRE...
IL FAUDRAIT UN MIRACLE POUR QUE TU T'EN SORTES HELMOUT !
BROOOM !
POC !
OUAÎEU !
POUC !
?
POC !
BROOOM !
OUAILLE ! UN.. UN ORAGE DE GRÊLE !
VITE ! AÏE ! À L'ABRI !
OÂH ! ILS SONT GROS LES GRÊLONS !
LA MAÎTRESSE DIT QUE ÇA DURE PAS TRÈS LONGTEMPS...
EN TOUT CAS, ÇA FAIT MAL !
HA ! C'EST TERMINÉ ...
PARFAIT ! ON EN ÉTAIT OÙ DÉJÀ ?
HÉ ! HÉ !
TU PARLAIS DE MIRACLE JE CROIS ...
?!

HIVER

SALUT LES GARS, VOUS FAITES QUOI ?
CHÛÛÛT ...
C'EST ALDEBERT, LE VIEIL ERMITE... IL A DES VISIONS.
GZBLX ...
BROUM
BROOOAA!
BROOO...
ARG!
BEN DIS DONC, CES BESTIOLES VONT TOUT MASSACRER ALORS !
T'EN FAIS PAS! CE N'EST PAS ENCORE UNE ESPÈCE EN VOIE D'APPARITION!
HA! HA! HA!
DE TOUTE MANIÈRE, NOUS ON EST SÛRS DE NE JAMAIS LES RENCONTRER !

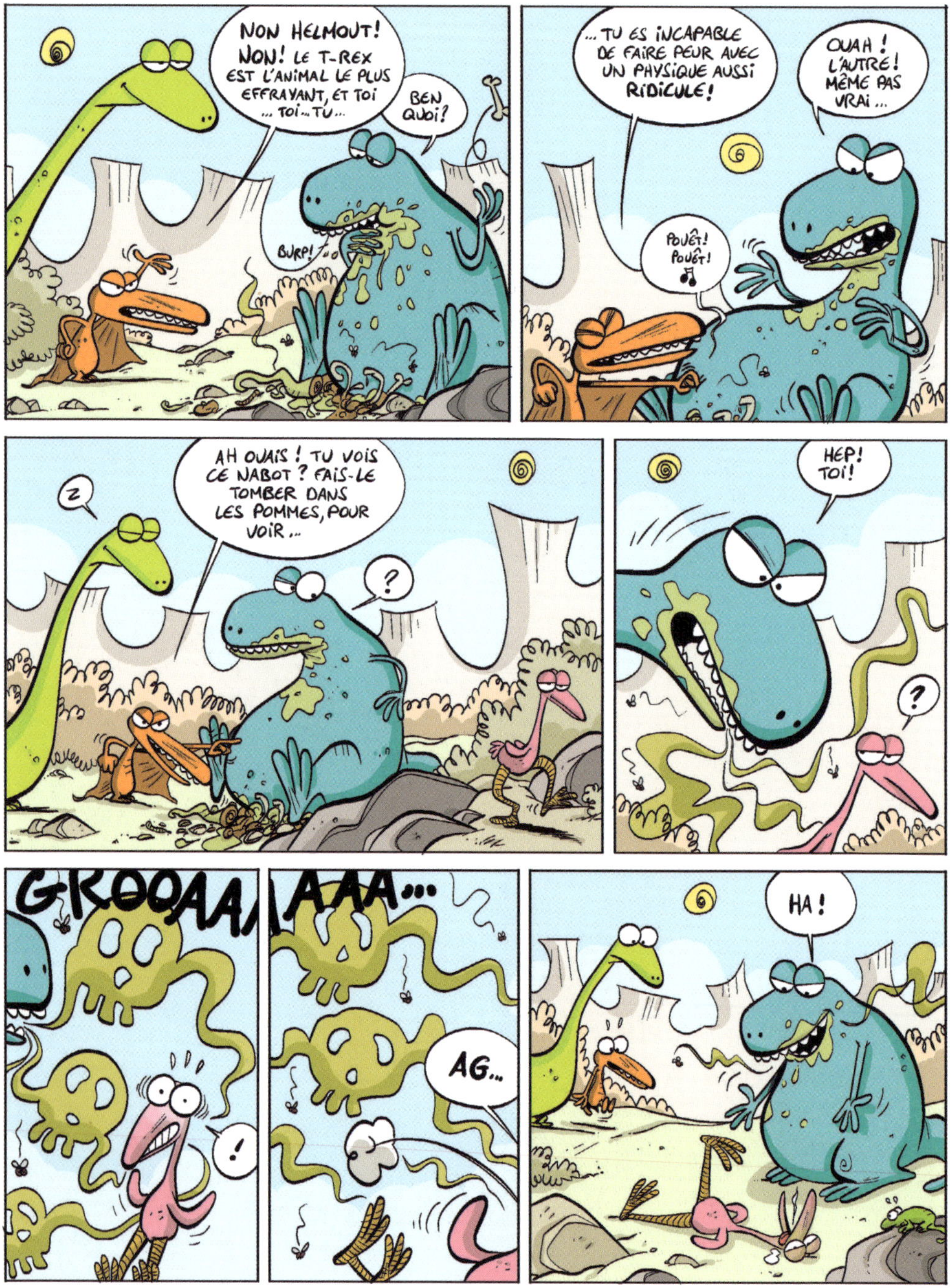
NON HELMOUT! NON! LE T-REX EST L'ANIMAL LE PLUS EFFRAYANT, ET TOI ... TOI... TU...
BEN QUOI?
BURP!
... TU ES INCAPABLE DE FAIRE PEUR AVEC UN PHYSIQUE AUSSI RIDICULE!
OUAH! L'AUTRE! MÊME PAS VRAI...
POUÊT! POUÊT!
Z
AH OUAIS! TU VOIS CE NABOT? FAIS-LE TOMBER DANS LES POMMES, POUR VOIR...
?
HEP! TOI!
?
GROOAAAAAAA...
!
AG...
HA!

LES ENFANTS, POUR LE COURS D'AUJOURD'HUI C'EST VOTRE CAMARADE HELMOUT QUI VA FAIRE UN EXPOSÉ SUR UN PHÉNOMÈNE NATUREL BIEN CONNU ...
PFF..
AÏE!
Aujourd'hui 4 février 5 254 328 avant J.C
NOUS SAVONS TOUS QUE C'EST LA LUMIÈRE QUI PERMET AUX PLANTES DE FABRIQUER DE L'OXYGÈNE POUR QUE NOUS PUISSIONS RESPIRER...
ÇA M'A DONNÉ L'IDÉE D'INVENTER LA "PHOTO-SYNTHÈSE"!
DÉMONSTRATION!
ET HOP! UN PEU DE LUMIÈRE...
FLASH!
... COMME ÇA JE PROFITE DU BON AIR QUE LA PLANTE DÉGAGE...
... ET EN PLUS J'AI DE JOLIS SOUVENIRS!
JE SUIS IMPRESSIONNÉE ...

?
LES GARS! LES GARS! ALDEBERT, LE VIEIL ERMITE, A ENCORE UNE VISION!
?
POF! POUF! POF!
TRRREMBLEZ! LE CHANGEMENT DE CLIMAT, C'EST MAINTENANT!
BRRR... QUEL PROGRAMME!...
TRRREMBLEZ! DES TORRENTS DE FEU VONT S'ABATTRE SUR VOUS!
TRRREMBLEZ!
LA CHALEUR DU SOLEIL VA VOUS CONSUMER!
KAÏ KAÏ
HA! HAA!! JE VOUS L'AVAIS BIEN DIT QUE VOUS TREMBLERIEZ!
GLA! GLA! GLA!
CLAC! CLAC!
YO! IL EST VRAIMENT TROP FORT!
OUI MAIS IL EN TIENT UNE COUCHE!

ATTENTION, JE COMPTE ...
1...
2...
HI HI!
... ET 10! J'ARRIVE!
HÉ HÉ! CES ANDOUILLES NE S'APERÇOIVENT PAS QU'ILS LAISSENT DES TRACES DANS LA NEIGE...
TROUVÉ JEAN-PIERRE!
BEUH? COMMENT T'AS FAIT?
AU TOUR DE DIEGO!
HÉ HÉ
ÇA ALORS! AUCUNE TRACE!
IL NE S'EST QUAND MÊME PAS ENVOLÉ!
FLAP!
FLAP!
HÉ HÉ
?

EH OUI LES ENFANTS ! C'EST DANS L'EAU QUE LA VIE A COMMENCÉ !
Aujourd'hui 2 février -65 254 346 L'Évolution
BIEN LONGTEMPS APRÈS LA FORMATION DE NOTRE PLANÈTE, DE TOUTES PETITES CELLULES SONT APPARUES : LES BACTÉRIES !
FLOC !
PENDANT DES MILLIARDS D'ANNÉES ELLES SE SONT TRANSFORMÉES LENTEMENT ET SONT DEVENUES DES ORGANISMES DE PLUS EN PLUS GRANDS ET DE PLUS EN PLUS DIFFÉRENTS...
PUIS, CERTAINS SE SONT DÉCIDÉS À SORTIR DE L'EAU ET, APRÈS QUELQUES MILLIONS D'ANNÉES SUPPLÉMENTAIRES, ILS SONT DEVENUS...
... NOUS : LES DINOSAURES ! LE STADE ACTUEL LE PLUS AVANCÉ DE L'ÉVOLUTION !
SPROCH ! SPROCH !
DÉSOLÉ MAMAN MAIS MOI J'AI ÉVOLUÉ : À PARTIR D'AUJOURD'HUI JE NE PRENDS PLUS DE BAIN !
TU N'AS QU'À LAVER YUMI PLUTÔT...
?

BRRR... CETTE ÉPOQUE GLACIAIRE N'EN FINIT PAS !
ÇA ! POUR ÊTRE GLACIAIRE, ELLE EST GLACIAIRE !
GLA ! GLA !
HO ! REGARDE ! LA SOLUTION À NOS PROBLÈMES
CE... C'EST QUOI ?!
BULB !
BULB !
BLOB !
UNE SOURCE D'EAU CHAUDE NATURELLE NIGAUD !
HA OUAIS ! C'EST POUR ÇA QU'IL Y A DES BULLES !
BULB !
BULB !
EH OUI ! L'EAU DESCEND SI BAS QU'ELLE EST RÉCHAUFFÉE PAR LA TEMPÉRATURE DE LA TERRE !
HAAA... ON N'EST PAS BIEN LÀ ?
HEU... SI... MAIS C'EST QUOI CETTE ODEUR ?
BOÂH ! SANS DOUTE DU SOUFRE !
BULB !
OUI, BON, MAIS N'EMPÊCHE QUE...
HO ! ÇA VA DIEGO ! METS UN TERME À TES PRISES DE TÊTE !
SNIF !
SNIF !
...LÂCHE-TOI UN PEU !
MMM...
BLOP !
BULB !
BULB !
BULB !

VITE, ÇA COMMENCE !
HI ! HI ! J'ADORE LORSQUE LE VIEIL ALDEBERT A DES VISIONS !
QU'EST-CE QU'IL VA NOUS RACONTER CETTE FOIS-CI ?
24 DÉCEMBRE
HOP !
TILT !
HA ! HA ! MAIS OÙ VA-T-IL CHERCHER TOUT ÇA ?
HI ! HI ! HI !
DIS-MOI HELMOUT... TU N'ES PAS TROP GRAND POUR TOUT ÇA ? MMM ?...
MAIS C'EST POUR YUMI MAMAN... REGARDE : ELLE EST SI HEUREUSE...

JOYEUSES FÊTES
ATTENTION TOUT LE MONDE ! C'EST LE MOMENT !
Z
TING! TING! TING!
CHIII
BONNE ANNÉE
BONNE ANNÉE
3... 2... 1...
BONNE ANNÉE !
OUAIS !
PRRR
RRR
BROLOMBROLOMBROLOMBROL
POC!
?!
2074
VOUÉÉ! C'EST ZOLI !!!
HÉ BÉ! ÇA COMMENCE BIEN !
HO ! VOUS ÇA VA HEIN !
...ET DES TORRENTS DE LAVE S'ABATTRONT SUR...
POC.

LES GARS... ET SI ON PRENAIT DE BONNES RÉSOLUTIONS POUR LA NOUVELLE ANNÉE ?
MIAMF!
VOUS PENSEZ À QUOI?
MIARMF!
MOURF!
... COMME ESSAYER DE MOINS MANGER AUX REPAS DE FIN D'ANNÉE?
CRRR
BANCO!

BEÛH!
?
?
QUE... QU'EST-CE QU'IL T'ARRIVE HELMOUT ?
C'EST LA NEIGE! ELLE EST EN TRAIN DE FONDRE À VUE D'OEIL!
BIN C'EST NORMAL, LES BEAUX JOURS APPROCHENT ET LES TEMPÉRATURES AUGMENTENT...
PAS TROP TÔT!
C'EST UNE CATASTROPHE!
PLIC!
HEUU... JE SAVAIS PAS QUE TU AIMAIS AUTANT L'HIVER...
AÏE!
AÏE!
HELMOUT!
?
AÏE! AÏE!
?
C'EST QUOI CE BAZAR?!
TU AVAIS RAISON DIEGO...
ÇA VA CHAUFFER...
KAÏ!
KAÏ!

PRINTEMPS

BEN ALORS ? VOUS VENEZ PAS VOUS BAIGNER ?
MMM... NON, PAS TOUT DE SUITE...
VAS-Y TOI !
HOU LES CHOCHOTTES !
VOUS ÊTES DE VRAI CAUDIPTERYX MOUILLÉS !
Hi ! MAIS C'EST QU'ELLE EST HYPER FROIDE !
BON, IL N'Y A PAS 36 SOLUTIONS...
QUAND C'EST COMME ÇA, IL FAUT Y ALLER D'UN COUP SEC !
À LA UNE, À LA DEUX ...
À LA TROIS !
PLOUF !
VOUS DEVRIEZ VENIR... ICH ! ICH !...
MAINTENANT ELLE EST SUPER BONNE !
CE QU'IL FAUT FAIRE, C'EST Y RENTRER SANS RÉFLECHIR...

ROÂR ?
NON ! NOON !
TON CRI DOIT INSPIRER LA PEUR À TOUS LES ANIMAUX ! TU DOIS FAIRE TREMBLER LA PLAINE !
ET TOI TU MIAULES !
IL A PAS TORT ...
POF ! POF ! POF !
T'ES UN T-REX ! T'ES PAS UN PETIT CHAT !
PAS FAUX ...
RECOMMENCE ET LAISSE SORTIR TOUTE TA COLÈRE !
PAS BÊTE ...
FAIT PÉTER LES WATTS !
HELMOUT ! ÇA FAIT DEUX FOIS QUE JE T'APPELLE ! ON MANGE !
J'ARRIVE MAMAN...

OH! NEUF ŒUFS!
ET TOUT NEUFS!
LES PAUVRES! ILS ONT DÛ ÊTRE ABANDONNÉS!
ET DIRE QU'ON A FAILLI MARCHER DESSUS! SNIF!
IL LEUR FAUT DE LA CHALEUR SINON ILS VONT SE CAILLER!
JE M'EN OCCUPE MA POULE!
TOI? TU RIGOLES! TU AS LES ŒUFS PLUS GROS QUE TON VENTRE!
BOHA, N'IMPORTE QUOI!
LAISSE-MOI FAIRE PLUTÔT!
J'AI LA FIBRE PLUS MATERNELLE QUE TOI
!
HA MAIS NON, IL N'EN EST PAS QUESTION!
ATTENTION, ON VA...
CRÂAK!
ÇA N'A PAS L'AIR D'ALLER TOUS LES DEUX...
VOUS DEVEZ COUVER QUELQUE CHOSE...

TA DAÂÂN!
PLOUF!
?
ET ENCORE UN! ÇA DEVRAIT ÊTRE SUFFISANT...
FLAP! FLAP!
PEUH! C'EST FACILE QUAND ON A DES AILES...
OUAIS OUAIS OUAIS... IL FALLAIT PAS PARIER! ÇA FAIT COMBIEN JEAN-PIERRE? MMM?
HEU... 7!
7 POISSONS EN UNE MINUTE... TU FERAS JAMAIS MIEUX...
ALLEZ... DIS QUE J'AI GAGNÉ ET ON N'EN PARLE PLUS...
JAMAIS! TU ENTENDS? JAMAIS!
JE VAIS TE MONTRER, MOI, QU'UN T-REX ÇA PEUT PÊCHER!
HELMOUT... TU VAS ENCORE ÊTRE RIDICULE...
TSSS...
HOP!
PRRR...
ET IL APPELLE ÇA UN PLONGEON?
PLOUF!
EN TOUT CAS C'EST EFFICACE...

?
ET ALORS HELMOUT ? TU ES DEVENU JARDINIER ?
FLOC!
FLOC!
FLOC!
!
OUI!
C'EST UNE QUESTION DE VIE OU DE MORT!
?
NIGAUD! TU IGNORES SANS DOUTE QUE, GRÂCE AU SOLEIL, LES PLANTES FABRIQUENT DE L'OXYGÈNE !
HÉÉÉ
...ET C'EST L'OXYGÈNE QUI NOUS PERMET DE RESPIRER !
SI! SI! JE LE SAVAIS MAIS HEU...
DONC, MAINTENANT TU COMPRENDS POURQUOI JE PLANTE ET JE PROTÈGE LES ARBRES!
AH OUAIIIS... D'ACCORD...
JEAN-PIERRE? MAIS? QUE...?
?
CRUNCH!
CRONCH!
CROUNCH!
?!
TU VEUX TOUS NOUS TUER OU QUOI ?! ESPÈCE DE... D'HERBIVORE!
IL MANQUE PAS D'AIR LUI !

TU VAS ÉLEVER DES ABEILLES ?
OUI! JE VAIS DEVENIR APICULTEUR!
CLONG! CLONG! CLONG!
HEM...
TU... TU ES SÛR DE CE QUE TU FAIS ?
MAIS OUIII ! IL ME SUFFIT D'UNE RUCHE, D'UNE REINE D'ABEILLE ET D'OUVRIÈRES !
ET ZOU! C'EST PARTI!
LA PROF A BIEN DIT DE FAIRE ATTENTION !
T'INQUIÈTE! JE TE DIS QUE JE SUIS UN PRO!
POUF!
HELMOUT... ÇA PIQUE LES ABEILLES!
JEAN-PIERRE TU ME FATIGUES!
JE T'AURAIS PRÉVENU...
C'EST ÇA! ET NE VIENS PAS PLEURER POUR AVOIR DU MIEL!
KSSSS
LE LENDEMAIN...
JE TE JURE
TU L'AURAIS VU: IMPOSSIBLE DE LUI PARLER! IL EST DEVENU TROP SÛR DE LUI! IL FAIT TROP LE MALIN!
TIENS... LE VOILÀ JUSTEMENT QUI... ?
EFFECTIVEMENT IL A PRIS LA GROSSE TÊTE ...

ON N'AURA PAS LE TEMPS ...
PFF ...
IL FAUT TOUJOURS QUE TU DRAMATISES HELMOUT ...
NON SEULEMENT ON AURA LE TEMPS MAIS EN PLUS ON VA BIEN DORMIR ...
ON L'A TROUVÉ BEAUCOUP TROP TARD ! JE PRENDS PAS LE RISQUE, MÊME POUR UNE SIESTE !
TU FAIS CE QUE TU VEUX... MOI JE COMPTE BIEN EN PROFITER !
FRÔT
FRÔT
OUAH ! IL EST SUPER CONFORTABLE ! ET IL EST TOUT CHAUD EN PLUS !
?!
POUF !
GROÂR
JE LE SAVAIS !!! JE LE SAVAIS ! C'EST LA FIN DE L'HIBERNATION !
JE... JE PENSAIS QUE...
NE PENSE PAS... COURS !

L'ESCARGOT ADORE LA PLUIE ...
VENDREDI 12 MAI - 523497 LES GASTÉROPODES
CRUNCH!
SES YEUX SE TROUVENT DANS SES TENTACULES ET LA COQUILLE QU'IL A SUR LE DOS LUI SERT DE MAISON...
IL SE DÉPLACE TRÈS TRÈS LENTEMENT GRÂCE À SON PIED QUI EST EN FAIT UN ÉNORME MUSCLE ET QUI SE CONTRACTE ET S'ALLONGE À VOLONTÉ...
LES GLANDES DES ESCARGOTS PRODUISENT UNE ESPÈCE DE BAVE QUI LEUR PERMET D'AVANCER ET MÊME DE GRIMPER !
ENFIN, EN OBSERVANT CE QU'IL GARDE DANS SON ORGANISME, ON PEUT SAVOIR SI SON ENVIRONNEMENT EST POLLUÉ OU NON...
PÔP!
BRAVO HELMOUT! TU AS BIEN TRAVAILLÉ !
RANGEZ VOS AFFAIRES LES ENFANTS... LE COURS EST TERMINÉ !
CLAP!
CLAP!
BEAUCOUP PLUS TARD...
TU RENTRES BIEN TARD HELMOUT... TON EXPOSÉ S'EST BIEN PASSÉ ?
RÂÂH! SUPER!

Les lépidoptères pondent des oeufs qui donnent naissance à des chenilles...
?
La chenille est une larve. C'est aussi le premier stade de développement après l'éclosion.
HELMOUT! TU PEUX VENIR M'AIDER?
MXRGYZ... PEUX PAS... FATIGUÉ... MXRZZ...
Z
Elles se transforment ensuite en chrysalides en s'abritant la plupart du temps dans un cocon.
HELMOUT! TU VAS RATER L'ÉCOLE! LÈVE-TOI!
Z
Z
ET Z...
De ce cocon sort l'imago, appelé aussi le papillon. La métamorphose est ainsi complète!
LES VACANCES! OUAIIIIS!
BOUM! BOUM! BOUM!
MAMAN! MAMAN! J'AI EU VINGT À MON EXPOSÉ SUR LES PAPILLONS!
C'EST NORMAL HELMOUT...
ÇA FAIT DES ANNÉES QUE TU RÉVISES...

RÂÂÂH! ÇA SUFFIT!
?
BEN ALORS ? QU'EST-CE QU'IL Y A DIEGO?
BÂH! JE VEUX JUSTE PROFITER UN PEU DU SOLEIL MAIS C'EST PAS POSSIBLE AVEC TOUTES CES GUÊPES!
J'AI UN SUPER TRUC POUR TOI : IL FAUT JUSTE DES CLOUS DE GIROFLE ÉCRASÉS, DU THYM ET DE LA MENTHE...
OUÉ! IL Y A TOUT ÇA DANS LE JARDIN DU PÈRE DE MARIO ...
L'ODEUR DE CES PLANTES INCOMMODE LES GUÊPES ET LES TIENDRA NATURELLEMENT À L'ÉCART!
POC! POC!
TROP COOL!
YESSS! ÇA MARCHE!
MMMM... ENFIN TRANQUILLE!
HÉ! LES GARS! C'EST VOUS QUI AVEZ MIS LE JARDIN DE MON PÈRE DANS CET ÉTAT ?
G.
PAS DE PANIQUE! POUR LES COUPS J'AI AUSSI UN SUPER TRUC...
OUBLIE-MOI TU VEUX ...

MES MEILLEURS COPAINS

LE GRAND DADAIS TOUT JAUNE, C'EST JEAN-PIERRE.
IL EST SUPER SYMPA ET TRÈS RIGOLO. MAIS IL A DEUX
CRAINTES DANS LA VIE : LE TORTICOLIS ET LE VERTIGE !

LE PETIT, C'EST DIÉGO. COMME IL EST NERVEUX,
IL VAUT MIEUX NE PAS LE CONTRARIER.
IL DIT SOUVENT QU'IL FAUT SAVOIR PRENDRE
DE LA HAUTEUR... PFF ! FACILE, QUAND ON SAIT VOLER !

MA FAMILLE

LE GRAND TOUT ROSE, C'EST MON PAPA.
C'EST LE PLUS FORT DES PAPAS T-REX AU MONDE.

AU MILIEU, EN BLEU, C'EST MA MAMAN.
SAUF QUAND ELLE ME DEMANDE DE RANGER
MA CHAMBRE, C'EST LA PLUS GENTILLE ET
LA PLUS DOUCE DES MAMANS T-REX.

ENFIN, LA PETITE, C'EST YUMI, MA PETITE SŒUR.
ET LÀ, C'EST SÛR, C'EST LE PLUS DÉBILE DES BÉBÉS
T-REX AU MONDE !

MARIO

C'EST CELUI QUI RIGOLE BÊTEMENT.
AVEC SES DEUX COPAINS, IL EST TOUJOURS
EN TRAIN DE M'EMBÊTER. MAIS JE NE ME LAISSE PAS
FAIRE ! IL DIT TOUJOURS QU'IL EST PLUS FORT
QUE TOUT LE MONDE, ET IL A ENTIÈREMENT RAISON :
C'EST LE CHAMPION DU MONDE DES IMBÉCILES !

MES ADULTES PRÉFÉRÉS

CELUI QUI PORTE LA BARBE, C'EST ALDEBERT, LE VIEIL ERMITE. DEPUIS QU'UNE MÉTÉORITE LUI EST TOMBÉ SUR LA TÊTE, IL A DES VISIONS. IL ME FAIT BEAUCOUP RIRE... SAUF QUAND IL ME PRÉDIT DE MAUVAISES NOTES.

MADAME KRÉTASSÉ EST NOTRE INSTITUTRICE. ELLE CONNAÎT TOUT SUR LE MONDE DES DINOSAURES. MAIS, DEPUIS QU'ELLE SAIT QU'UNE MÉTÉORITE EST TOMBÉE SUR ALDEBERT, ELLE REGARDE LE CIEL AVEC APPRÉHENSION...

MISSION SCIENCE
PASSION NATURE
Retrouve mes aventures tous les mois dans
Wapiti
MILAN
N° 324 MARS 2014
7-13 ANS
Wapiti
MISSION SCIEN
PASSION NATUR
À la chasse ou à l'abri ?
Les animaux sous la pluie
ANIMAL STAR
Quel oiseau mange des serpents ?
QUESTION SCIENCE
Le big bang, c'est quoi ?
SUR LE TERRAIN
Sur la piste de l'ours des Pyrénées
MILA
Chez ton marchand de journaux
ou à découvrir sur wapiti-magazine.com

FIN